BEI GRIN MACHT SICH IHR WISSEN BEZAHLT

- Wir veröffentlichen Ihre Hausarbeit,
  Bachelor- und Masterarbeit

- Ihr eigenes eBook und Buch -
  weltweit in allen wichtigen Shops

- Verdienen Sie an jedem Verkauf

Jetzt bei www.GRIN.com hochladen
und kostenlos publizieren

Franz-Josef Kemnade

Opiumkriege und Taiping-Aufstand

Entstehung des außenpolitischen Konflikts und seine Beziehungen zur innenpolitischen Krise

GRIN Verlag

Bibliografische Information der Deutschen Nationalbibliothek:

Die Deutsche Bibliothek verzeichnet diese Publikation in der Deutschen National-
bibliografie; detaillierte bibliografische Daten sind im Internet über http://dnb.d-
nb.de/ abrufbar.

Impressum:

Copyright © 2004 GRIN Verlag GmbH
Druck und Bindung: Books on Demand GmbH, Norderstedt Germany
ISBN: 978-3-640-76003-9

Dieses Buch bei GRIN:

http://www.grin.com/de/e-book/89778/opiumkriege-und-taiping-aufstand

GRIN - Your knowledge has value

Der GRIN Verlag publiziert seit 1998 wissenschaftliche Arbeiten von Studenten, Hochschullehrern und anderen Akademikern als eBook und gedrucktes Buch. Die Verlagswebsite www.grin.com ist die ideale Plattform zur Veröffentlichung von Hausarbeiten, Abschlussarbeiten, wissenschaftlichen Aufsätzen, Dissertationen und Fachbüchern.

Besuchen Sie uns im Internet:

http://www.grin.com/

http://www.facebook.com/grincom

http://www.twitter.com/grin_com

Universität zu Köln, Ostasiatisches Seminar

Proseminar: Grundzüge der modernen chinesischen Geschichte

Opiumkriege und Taiping-Aufstand
Entstehung des außenpolitischen Konflikts und seine Beziehungen zur innenpolitischen Krise

Franz-Josef Kemnade

Regionalwissenschaften Ostasien (Scherpunkt China), Wintersemester 2003/2004

Datum der Abgabe : 19 März 2004

Inhaltsverzeichnis

1. Einleitung 3

2. Der Außenpolitischer Konflikt - Die Opiumkriege... 4

   2.1 Das chinesische Weltbild und das Tributsystem... 4

   2.2 Die Handelsbeziehungen Chinas mit dem Westen 5

      2.2.1 Der Kantonhandel 5

      2.2.2 Die Ostindienkompanie.. 6

      2.2.3 Die Probleme des Chinahandels... 6

   2.3 Die Entwicklung und Bedeutung des Opiumhandels.. 8

      2.3.1 Die Folgen des Opiumhandels für China 9

      2.3.2 Die Entstehung der Opiumnachfrage in China und Legalisierungsdebatte 10

   2.4 Der Anlass und die Ursachen des 1. Opiumkrieges 11

   2.5 Der Verlauf des 1. Opiumkrieges... 11

   2.6 Der Vertrag von Nanjing und seine Folgen für die Qing.................................... 12

   2.7 Die weitere Entwicklung der Beziehungen zwischen Großbritannien und China 13

   2.8 Der Anlass und Verlauf des 2. Opiumkrieges... 14

   2.9 Der Vertrag von Tianjin und seine Folgen für die Qing 15

3. Die innenpolitische Krise - Der Taiping-Aufstand 16

   3.1 Ursachen für die Entstehung des Konflikts... 16

   3.2 Entwicklung und Verlauf der Rebellion... 17

   3.3 Ursachen für den Untergang der Taiping... 18

4. Fazit.. 20

Bibliographie.. 21

1. Einleitung

Innerhalb der modernen Geschichte Chinas stellen die Opiumkriege den Anfangspunkt der direkten Interventionen westlicher Staaten auf dem chinesischen Hoheitsgebiet dar. Sie markieren auch den Beginn einer bis zur Entstehung der Volksrepublik andauernden Phase der politischen und ökonomischen Bevormundung Chinas durch den Westen. Durch die Opiumkriege kam das chinesische Kaiserreich zum ersten Mal in Kontakt mit einer durch die Industrielle Revolution gestärkten westlichen Welt, die mit ihrer aggressiven Kolonialpolitik das chinesische Weltbild aus den Angeln zu heben drohte. Die Arbeit will sich innerhalb des Themas „Opiumkriege und Taiping-Aufstand" vor allem mit der Frage nach den Ursachen für die Entstehung dieses außenpolitischen Konflikts beschäftigen. Daher soll, auf dem Zusammenprall der westlichen mit der chinesischen Kultur aufbauend, sowohl der politische als auch der ökonomische Charakter des Konflikts dargestellt werden. Auf diese Weise will die Arbeit den Leser für die Tiefe des Konflikts sensibilisieren und diesen von seinem, im Namen festgeschriebenen, Charakter eines bloßen Handelskrieges trennen. Der Verlauf der militärischen Auseinandersetzungen soll hierbei zwar berücksichtigt werden, aber nicht im Fordergrund stehen. Auf die Folgen der Opiumkriege und des aus ihnen entstandenen Vertragsystems will die Arbeit insbesondere im Hinblick auf ihren Bezug zur Inneren Krise des Qing-Reiches, dem Taiping-Aufstand, eingehen.

Der Taiping-Aufstand stellte eine ernsthafte Gefahr für die Herrschaft der Qing-Dynastie dar. Er war der größte von vielen Aufständen, die in Folge der schon zu Beginn des 19. Jahrhunderts zunehmenden Unruhen und Konflikte im Inneren des Landes aufbrachen. Die Arbeit beschäftigt sich mit der Problematik, inwieweit die außenpolitische Krise für die Entstehung und Unterdrückung des Konflikts von Bedeutung war und ob die innenpolitische Krise die außenpolitischen Entwicklungen beeinflusst hat. Hierbei soll der Aufstand selbst nur in groben Zügen dargestellt und auf eine genauere Betrachtung der ideologischen und institutionellen Grundlagen verzichtet werden.

In ihrem Aufbau versucht die Arbeit der Chronologie der Ereignisse gerecht zu werden und die Entwicklungen zugleich in einem sinnvollen Zusammenhang darzustellen. Die so erreichte Form hofft die Aussagen der Arbeit zu verdeutlichen und zu einem bessern Verständnis des Inhalts beizutragen.

2. Der Außenpolitischer Konflikt - Die Opiumkriege

Unter den Opiumkriegen versteht man die von Großbritannien, als Hauptakteur, von 1840 bis 1860 gegen China geführten Kriege. Diese Kriege sollten zum Einen zu einer Öffnung des chinesischen Marktes für den Freihandel und zum Anderen zur Einbindung Chinas in die Internationale Politik der westlichen Staaten, führen. Im weiteren Verlauf werden die tiefliegenden Ursachen des Konflikts genauer beleuchtet, der Verlauf beschrieben und die Folgen dargestellt.

2.1 Das chinesische Weltbild und das Tributsystem

Das chinesische Weltbild im 19. Jahrhundert war geprägt von einer langen Tradition des chinesischen Selbstverständnisses als Zentrum der Zivilisation. Innerhalb der Staaten Südostasiens nahm China aufgrund seiner geographischen, militärischen und kulturellen Überlegenheit die Führungsposition ein und wurde von den Anderen, sogenannten Tributstaaten, als überlegene Kultur angesehen.[1] Diese Anerkennung des chinesischen Führungsanspruchs schlug sich in den Auslandsbeziehungen des Kaiserrichs nieder, die basierend auf dem Konfuzianismus nicht von einer Gleichheit der Staaten ausgingen, sondern von einer Hierarchie in welcher das chinesische Kaiserreich an oberster Stelle stand. Gestützt wurde dieser universelle Herrschaftsanspruch des chinesischen Kaisers vom Tributsystem in dem China seine Beziehungen zum Ausland geregelt sah.[2] Durch die Entsendung von Tributgesandtschaften brachten die Nachbarstaaten Chinas die Anerkennung der chinesischen Überlegenheit zum Ausdruck. Weiterhin bestätigten sie die kulturelle Strahlungskraft der herrschenden Dynastie und so auch den Herrschaftsanspruch des Kaiser über das chinesische Volk.[3] Denn die Herrschaft eines Kaiser, als Sohn des Himmels (tianzi 天子), wurde im chinesischen Verständnis, vom Himmel als übergeordnete Instanz legitimiert. Dieses sogenannte himmlische Mandat konnte ein Kaiser auch wieder verlieren, was den Untergang der Dynastie, im Verlauf des dynastischen Zyklus von Aufstieg, Herrschaft und Untergang, andeutete. Anzeichen dafür waren Naturkatastrophen, moralischer Verfall, Armut, Hungersnöte und Verlust der universellen Überlegenheit gegenüber den ausländischen

---

[1] Vgl. Yen-ping Hao u. Erh-min Wang 1980, 143f
[2] Vgl. Hsü 1983, 130.
[3] Vgl. Gray 1990, 34.

„barbarischen" Staaten.[4] Das sinozentrische Weltbild Chinas musste fast zwangsläufig zu Kontroversen mit den westlichen Mächten, insbesondere Großbritannien, führen.[5] Großbritannien als Vorreiter der Industriellen Revolution hatte zu Beginn des 19. Jahrhunderts die notwendigen Kapazitäten für eine offensive Expansionspolitik des britischen Empires geschaffen, die sich auf die weltweit überlegene britische Seestreitmacht stützt. Neben der Durchsetzung der Vorherrschaft in Indien bestimmte der Freihandel maßgeblich das Auftreten Großbritanniens in Asien.[6] Die Politik einer solchen expandieren britischen Weltmacht, die sich nicht mit dem Status eines „barbarischen" Tributstaates abfinden konnte, musste unvermeidlich zu einem Konflikt mit dem sinozentrischen chinesischen Kaiserreichs führen.[7]

2.2 Die Handelsbeziehungen Chinas mit dem Westen

Nach dem Flint-Zwischenfall von 1759 wurden die Handelsbeziehungen Chinas mit ausländischen Händlern auf den Hafen von Kanton beschränkt. Flint hatte ‚als Abgesandter der Ostindischen Kompanie, Beschwerden über Handelsbeschränkungen und Korruption in Kanton direkt an den Kaiser herangetragen, was eine gravierende Missachtung des Protokolls und des Status des Kaiser darstellte.[8] Infolge der Beschränkung entwickelte sich Kanton, das schon früher ein traditionelles Handelszentrum war, zu einem florierenden Handelshafen.[9]

2.2.1 Der Kantonhandel

Der Handel in Kanton unterlag auf chinesischer Seite einem speziellen System des Monopolhandels, das die Geschäfte mit Ausländern nur bestimmten Händlern, den sogenannten Hong Kaufleuten erlaubte. Diese Hong Kaufleute, die sich zur Cohong-Gilde zusammenschlossen, erhielten ihr Handelsprivileg durch zahlreiche Abgaben an den chinesischen Hof. Sie waren dem kaiserlichen Handelsbeamten gegenüber, nicht nur für die Einnahme von Abgaben und Gebühren der britischen Kaufleute sondern auch für ihr

---

[4] Vgl. Hsü 1983, Anfang Taiping.
[5] Vgl. Spence 2001, 154.
[6] Vgl. Osterhammel 1989, 128, 133, 137.
[7] Vgl. Tsiang 1971, 133.
[8] Vgl. Spence 2001, 155f.
[9] Vgl. Hsü 1983, 140.

Verhalten verantwortlich. [10] Auch die offizielle Kommunikation der ausländischen Händler mit chinesischen Beamten verlief nur über die Cohong-Gilde. Direkt an kaiserliche Beamte gerichtete Petitionen wurden als unverschämte Missachtung der Regularien angesehen und nicht beachtet. [11] Das Leben der Ausländer war durch zahlreiche Einschränkungen geregelt. So erging mit der Beschränkung des Handel auf Kanton 1759 auch der Erlass eines umfangreichen Regelkatalogs zur Abwicklung der Geschäfte und zum Verhalten der Ausländer. Das Verhältnis der ausländischen Händler zu den Hong Kaufleuten war freundlich und machte, neben der Aussicht auf finanziellen Gewinn, die Restriktionen durchaus erträglich. [12]

2.2.2 Die Ostindienkompanie

Auf britischer Seite war der Handel mit China ebenfalls durch ein Monopolsystem geprägt, dessen Träger die 1600 gegründete Ostindien Kompanie war. [13] Die Ostindien Kompanie nahm nicht nur in China, sondern auch in Indien, dem neuen Territorium des britischen Empires in Asien, eine Monopolstellung ein. Neben dem Handel der über die Schiffe der Kompanie ablief, gab es noch das System der „country trader", die unter Linzens von Indien nach China segelten. In Kanton verkauften sie ihre Waren gegen Silber, das sie wiederum gegen Wechsel der Ostindienkompanie eintauschten, da ihnen die Ausfuhr von Silber aus Kanton verboten war. Die Wechsel konnten die „country trader" dann in London oder Kalkutta gegen Bargeld eintauschen und die Ostindien Kompanie konnte mit dem Silber chinesische Produkte einkaufen. [14]

2.2.3 Die Probleme des Chinahandels

Insgesamt kann das Handelsystem auf chinesischer Seite als Ausdruck oder Umgestaltung des Tributsystems gesehen werden, denn aus chinesischer Sicht gewährte der Kaiser den Ausländern das Privileg in Kanton Handel treiben zu dürfen. Ein Privileg, das bei

---

[10] Vgl. Hsü 1983, 142-145.
[11] Vgl. Spence 2001, 156.
[12] Vgl. Hsü 1983, 150ff.
[13] Vgl. Gray 1990, 24.
[14] Vgl. Hsü 1983, 143.

unsittlichem und falschem Verhalten, auch jederzeit wieder zurückgenommen werden konnte. Die Vorstellung der Briten von einem dem Freihandel entspringenden Recht auf Handel war den Chinesen fremd. Allerdings hatte der chinesische Staat durchaus wirtschaftlichen Vorteil aus den Geschäften des Kantonhandels, so füllten die zahlreichen Abgaben der Cohong-Gilde die staatlichen Kassen und trieben die Hong-Kaufleute zeitweise an den Rand des Ruins. Traditionelle Güter des Chinahandels waren vor allem Seide, Porzellan, Rhabarber und Tee, die sich in England besonderer Beliebtheit erfreuten.[15] Besonders wichtig ist hier die Rolle des Tees, dessen Konsum in England nach dem „Commutation Act" von 1784 stark anstieg. Hierbei handelt es sich um eine Reduzierung der auf Tee erhobenen Steuern von 110 Prozent auf nur noch 10 Prozent. Infolge dieser Steuersenkung erhöhte sich die Nachfrage nach Tee in Großbritannien so stark, dass sich die Steuereinnahmen noch erhöhten und Tee zum Nationalgetränk wurde.[16] Aus dem gesteigerten Handel mit China ergab sich das Problem ein geeignetes Produkt zu finden, dass die zu Seiten Großbritanniens stark defizitäre Handelsbilanz ausgleichen konnte.[17] So sollte eine 1792 unter Lord McCartney ausgelaufene Gesandtschaft den chinesischem Kaiser nicht nur von der Qualität der britischen Produkte und einer Ausweitung des Handels überzeugen, sondern auch die Aufhebung des Handelsbeschränkungen und die Einrichtung einer diplomatischen Vertretung in Peking erwirken. Sämtliche Forderungen Macartneys wurden allerdings, mit dem Hinweis darauf dass China keinen Bedarf an britischen Produkten habe, abgelehnt.[18] Also mussten die chinesischen Waren weiterhin mit Silber eingekauft werden, das die Briten aus Amerika nach Kanton brachten[19] Zwischen 1781 und 1790 flossen so 16,4 Millionen Tael Silber nach China, zwischen 1800 und 1810 erhöhte sich diese Summe sogar noch auf 26 Millionen Tael, bis sie 1826 ihren Höhepunkt erreichte und sich die Handelsbilanz zu Gunsten Großbritanniens umzukehren begann.[20]

---

[15] Vgl. Hsü 1983, 142-150.
[16] Vgl. Gray 1990, 24f.
[17] Vgl. Wakeman 1978, 168.
[18] Vgl. Spence 2001, 157.
[19] Vgl. Wakeman 1978, 164.
[20] Vgl. Hsü 1983, 168.

2.3 Die Entwicklung und Bedeutung des Opiumhandels

Mit Beginn des19.Jahrhunderts wurde Opium als Handelsware immer wichtiger und ab 1820 nahm der Import indischen Opiums nach China drastisch zu.[21] Das 1773 von der Ostindien Kompanie erlassene Monopol auf den Opiumanbau in Bengalen verlor mit Beginn des 19.Jahrhunderts zusehends an Wirkung, so dass sich der Anbau des Schlafmohns immer weiter ausbreitete und das Monopol 1821 gänzlich abgeschafft wurde.[22] Das Opium bot sich, ausreichend vorhanden, ab 1820 an die Lücke in der britischen Handelsbilanz zu schließen und den Silberabfluss nach China zu stoppen. So entstand ein reger Handel zwischen Indien, China und Großbritannien.[23] Bei diesem Dreieckshandel wurden britische Industriewaren nach Indien verschifft, indisches Opium nach China und chinesischer Tee nach Großbritannien. Da der Opiumimport in China offiziell verboten war machte sich die Ostindien Kompanie das System des „country trade" zunutze, um eine weiße Weste zu waren. Hierbei wurde das indische Opium zuerst an private Händler veräußert und dann über „country trader" nach Kanton verschifft. Dort wurde es gegen Silber verkauft und dieses wiederum gegen Wechsel der Ostindien Kompanie eingetauscht, sodass die Kompanie mit dem Silber in Kanton wieder Tee und Seide einkaufen konnte. Ein solch kompliziertes System war nötig, da der Opiumhandel in China schon seit 1729 offiziell verboten war und die Ostindien Kompanie nicht den Verlust ihres Handelsmonopols durch Missachtung chinesischer Gesetze riskieren wollte.[24] Um 1800 wurde das Verbot des Opiumimports erneuert und 1813 nochmals verstärkt, was zur Folge hatte das sich die Hong Kaufleute aus dem Opiumgeschäft zurückzogen und der Handel über Dealer abgewickelt wurde, die vor der Küste auf die „country trader" warteten.[25]

Auch die Amerikaner die seit 1784 Handelsbeziehungen mit dem chinesischen Kaiserreich unterhielten, beteiligten sich ab 1805 am Opiumgeschäft, was den Handel mit China für sie erst attraktiv machte. Gemeinsam mit den Briten deckten sie praktisch den gesamten Opiumhandel ab, an dem sie mit einem knappen Drittel Teil hatten.[26]

---

[21] Vgl. Spence 2001, 165.
[22] Vgl. Osterhammel 1989, 141f.
[23] Vgl. Spence 2001, 166.
[24] Vgl. Wakeman 1978, 171ff.
[25] Vgl. Spence 2001, 169.
[26] Vgl. Osterhammel 1989, 139f.

2.3.1 Die Folgen des Opiumhandels für China

Der verstärkte Opiumhandel machte sich in der chinesischen Handelsbilanz schlagartig bemerkbar und stellte sie praktisch auf den Kopf. So hatte sich der bisherige Silberzufluss in die chinesische Wirtschaft zu einem Silberabfluss entwickelt, der zwischen 1831 und 1833 eine Summe von knapp 10 Millionen Tael Silber umfasste.[27] Diese Entwicklung hatte schwerwiegende Folgen für die chinesische Ökonomie, die seit der späten Ming-Zeit vom Silbereinfluss nach China profitiert hatte. War bislang die Wirtschaft durch den Zufluss von Silber belebt worden, so kehrte sich diese Entwicklung jetzt um, was zu einer Deflation des Silberwertes führte. Die Wertsteigerung des Silbers führte, aufgrund des bimetallischen Währungssystems, praktisch zu einer Inflation des Kupfers. Diese Kupferinflation hatte besonders für die Bauern gravierende Auswirkungen, da sie ihre täglichen Geschäfte in Kupfer tätigten, die Steuern aber in Silber zahlen mussten. So stieg der Realwert der Grundsteuer in einigen Küstenregionen um 50-60 Prozent. Eine Situation die unweigerlich bereits bestehende Konflikte und Unruhen verstärkte und deshalb vom kaiserlichen Hof sehr ernst genommen werden musste.

Nachdem der Wegfall des Indien-Handelmonopols der Ostindien Kompanie im Jahr 1813 schon zu einer Ausweitung des Asienhandels geführt hatte, verstärkte sich der Handel mit der Abschaffung des Monopols für den Chinahandel im Jahre 1833 weiter.[28] Die Geschäfte privater Kaufleute nahmen enorm zu und führten zu einer weiteren Steigerung des Opiumimports.[29] Allerdings taten sich mit dem Wegfall der Ostindienkompanie auch andere Probleme auf, die zur Zeit des Monopolhandels nicht so sehr ins Gewicht vielen. Die Handelsbevollmächtigten der Ostindien Kompanie hatten die Interessen der britischen Händler repräsentiert und waren Ansprechpartner für die Hong-Kaufleute gewesen. Über Cohong und Kompanie lief die Kommunikation zwischen britischer und chinesischer Seite. Auf Seiten der Briten musste nun ein neuer Repräsentant die Interessen vertreten, eine Aufgabe die zwangsläufig die britische Krone wahrnehmen musste. Diese Veränderung im Gefüge der Kommunikationspartner hatte zur Folge, dass sich die Hong-Kaufleute nun einem offiziellen Abgesandten Großbritanniens gegenübersahen, der sich mit der indirekten Kommunikation und dem ungleichen Status der beiden Regierungen nicht abfinden konnte.

---

[27] Vgl. Hsü 1983, 168.
[28] Vgl. Osterhammel 1989, 142-147.
[29] Vgl. Hsü 1983, 169.

Weiterhin ging die Zunahme des Privathandels auch mit einer Zunahme der rechtlichen Konflikte einher, da die privaten Händler schneller in Auseinandersetzungen mit der chinesischen Bevölkerung gerieten. Die Frage der Gerichtsbarkeit über die ausländischen Händler, die schon seit langem für Konflikte zwischen Großbritannien und China gesorgt hatte, gewann so wieder an Bedeutung.[30] Die Beziehungen zu China erhielten auf der britischen Seite nun einen offiziellen Charakter, der ökonomische mit diplomatischen Interessen verband und so zur Verschärfung der bereits bestehenden Probleme beitrug.[31]

2.3.2 Die Entstehung der Opiumnachfrage in China und Legalisierungsdebatte

Die Zunahme des Opiumkonsums in China hing sicherlich mit dem vergrößerten Angebot und den infolgedessen fallenden Preisen zusammen, jedoch sind Gründe für die erhöhte Nachfrage auch innerhalb der chinesischen Gesellschaft und bei den Konsumenten selbst zu suchen. Der Opiumkonsum zog sich durch alle Schichten der Qing-Gesellschaft. Waren anfänglich gerade betuchtere Beamte und höhere Klassen dem Konsum verfallen, so kamen später auch Studenten der Staatsprüfungen, Soldaten und Kulis hinzu. Der Weg in die Abhängigkeit hatte unterschiedliche und vielschichtige Gründe. Während Soldaten sich mit Hilfe des Opiums den Weg in die Schlacht erleichterten, verfielen die Kulis dem Opium wegen seiner schmerzlindernden und realitätsverzerrenden Wirkung, die den Alltag für sie erträglicher machte.[32]

Die Steigende Zahl der Opiumsüchtigen blieb nicht ohne Folgen für die chinesische Gesellschaft. Neben den wirtschaftlichen Konsequenzen hatte der Opiumkonsum fatale Folgen auf die Moral und Gesundheit des Volkes. Die ohnehin schon weit verbreitete Korruption griff weiter um sich und das Militär wurde entschieden geschwächt. Daher kam es seitens der Qing-Regierung ab 1813 zu einem härteren Vorgehen gegen Schmuggler, Dealer und Süchtige, allerdings ohne den erhofften Erfolg.[33] 1836 kam dann der Vorschlag auf den Opiumkonsum zu legalisieren, um die Korruption zu bekämpfen und die Wirtschaft durch Zölle zu stabilisieren. In der darauf folgenden Kontroverse am Kaiserhof setzte sich allerdings

---

[30] Vgl. Gray, 32ff.
[31] Vgl. Osterhammel 1989, 145f.
[32] Vgl. Spence 2001, 166f.
[33] Vgl. Osterhammel 1989, 144f.

der Vorschlag einer rigorosen Durchsetzung des Verbots durch und Lin Zexu wurde zur Bekämpfung des Opiums nach Kanton entsandt.

2.4 Der Anlass und die Ursachen des 1. Opiumkrieges

Anfang 1839 leitete Lin Zexu in Kanton zahlreiche Maßnahmen gegen den Handel und Konsum von Opium ein, die auf chinesischer Seite bald Erfolg zeigten. Die ausländischen Händler forderte Lin auf, ihr Opium abzugeben und den weiteren Opiumhandel einzustellen. Als diese sich allerdings weigerten ließ er sie, mit dem britischen Beamten und Handelsbevollmächtigten Charles Elliot, in ihren Fabriken einsperren. Nach sechs Wochen willigten die Händler ein und übergaben ihr Opium Lin Zexu, nachdem sie es Elliot gegen Schuldscheine überlassen hatten. Somit handelte es sich bei dem, später von Lin vernichteten, Opium nicht mehr um das Eigentum der Händler, sondern um das der britischen Krone. Lin Zexu hatte also sowohl einen hohen Beamten der britischen Krone eingesperrt, als auch königliches Eigentum vernichtet.[34]

Die Aktionen Lins waren sicher Anlass des Krieges, seine Ursachen lagen aber tiefer. Denn nun hatten die Briten die Gelegenheit, in Folge der chinesischen Provokation das durchzusetzen, was sie schon seit langem gefordert hatten. Es ging nicht nur darum die Handelsrestriktionen zu lockern und den Opiumhandel aufrecht zu erhalten, sondern auch um die Frage der Gerichtsbarkeit und die der Bewegungsfreiheit britischer Bürger und Missionare in ganz China, sowie vor allem um die Anerkennung der britischen Krone als gleichberechtigten Staat.[35]Das englische Parlament war geteilter Meinung hinsichtlich der Frage militärischer Aktionen gegen China. Jedoch stimmte es im April 1840, unter großem Druck der Opiumlobby, einem militärischen Vorgehen gegen China zu.[36]

2.5 Der Verlauf des 1. Opiumkrieges

Die britische Flotte traf im Juni 1840 in China ein, wo die Briten inzwischen auf die Insel Hongkong vertrieben worden waren. Einige Schiffe blockierten den Hafen von Kanton, während sich der Großteil der Flotte nach Norden wandte. Aufgrund der Überlegenheit der britischen Seestreitmacht mit ihren moderne Dampfern, konnten die Briten schnell bis zu den

---

[34] Vgl. Spence 2001, 188-192.
[35] Vgl. Osterhammel 1989, 147f.
[36] Vgl. Wakeman 1978, 194f.

Dagu-Forts vor Tianjin vordringen. Hier kam es dann unter dem Qing-Abgesandten Qishan zu ersten Verhandlungen mit den Briten, die sich bereit erklärten ihre Truppen nach Kanton zurückzuziehen. Im Januar 1841 schlossen Charles Elliot und Qishan ein Abkommen, dessen Bedingungen sowohl von der britischen Regierung als auch vom Qing-Kaiser Daoguang abgelehnt worden sind. Während die erreichten Zugeständnisse dem Kaiser zu weit gingen, gingen sie Lord Palmersten, dem britischen Außenminister, nicht weit genug. Er entließ Elliot und entsandte Sir Henry Pottinger als Bevollmächtigten der britischen Krone. Dieser ereichte im August 1841 China, wo die Kämpfe in der Region um Kanton weitergegangen waren. Die britische Flotte segelte unter Pottingers Kommando abermals nach Norden und nahm Xiamen, Ningbo und Zhoushan ein. Nach dem Eintreffen von Verstärkungen im Februar 1842 bemächtigten sich die Briten weiter der Städte Shanghai und Zhenjiang und bedrohten Nanjing, woraufhin es zu Friedensverhandlungen und zum Vertrag von Nanjing kam.[37]

2.6 Der Vertrag von Nanjing und seine Folgen für die Qing

Nach Abschluss des Vertrags von Nanjing wurde 1843 ein Zusatzvertrag geschlossen, der den Briten weitere Rechte einräumte. Das Kaiserreich der Qing wurde verpflichtet Kriegsentschädigungen im Wert von 21 Millionen $ zu zahlen, außerdem musste das Cohong-System abgeschafft und fünf Städte für den freien Handel und ausländische Niederlassungen geöffnet werden. Weiterhin bestanden die Briten auf die Festsetzung eines ordentlichen Importzolls von 5% und die unbefristete Abtretung Hongkongs. Darüber hinaus wurde die Exterritorialität der Briten festgeschrieben und der britischen Marine erlaubt Kanonenboote in den Vertragshäfen zu stationieren. Ganz entscheidend für das Vertragssystem war ferner eine im Zusatzvertrag enthaltene Klausel. Mit Hilfe dieser sogenannten Meistbegünstigungsklausel wurden alle Privilegien, die andere Länder mit China vertraglich aushandelten auf das britische Vertragssystem übertragen.[38]

So folgten 1844 schon die Franzosen und Amerikaner dem britischen Beispiel und schlossen ebensolche Verträge mit den Qing ab, wobei die Amerikaner in ihrem Vertragswerk eine Neuverhandlung der Verträge nach 12 Jahren festschrieben.

Für das Reich der Qing hatte das Vertragssystem weitreichende Folgen. So wurde das Problem des Opiumhandels in den Verträgen nicht berührt und lief unvermindert weiter auf

---

[37] Vgl. Spence 2001,193-198.
[38] Vgl. Osterhammel 1989, 149.

den illegalen Wegen ins Land. Die Festsetzung des Importzolls, die Exterritorialität der Ausländer und die militärische Präsenz der Briten in den Vertragshäfen, beschnitten die Qing in ihrer militärischen und politischen Souveränität. [39] Gravierender für den Qing-Staat war allerdings der Gesichtsverlust der Dynastie gegenüber den Chinesen. Die Qing-Dynastie hatte sich den Ausländern beugen und ihnen zahlreiche Rechte überlassen müssen. Somit wurde der universelle Herrschaftsanspruch des Kaiser negiert und so die Legitimation der Qing, als Fremdherrscher über das chinesische Volk, in Frage gestellt. [40]

2.7 Die weitere Entwicklung der Beziehungen zwischen Großbritannien und China

Die Briten erhofften sich durch den Abschluss des Vertrages von Nanjing eine Ausweitung des Handels und steigende Gewinne. Stattdessen aber brach der Handel zusammen und das wachsende Angebot drückte aufgrund zu geringer Nachfrage die Preise. Viele britische Händler gingen davon aus, dass der illegale Opiumimport zum Abfluss von Kapital und somit zu einer Senkung der Kaufkraft in China führte. Eine Legalisierung des Opiumhandels müsste somit den chinesischen Markt beleben. [41] Außerdem waren die britischen Industrieprodukte, infolge der von China erhobenen Binnenzölle, gegenüber chinesischen Produkten nicht wettbewerbsfähig und konnten sich nur schwer durchsetzten. Eine Öffnung des chinesischen Marktes für britische Waren war also nicht erreicht worden. [42] Weiterhin kam es nach 1844 in Kanton vermehrt zu offenen Feindseligkeiten der chinesischen Bevölkerung gegenüber den Briten, sodass der vertraglich zugesicherte Zugang in die Stadt den Briten verweigert wurde. Hinzu kam das Kaiser Daoguang 1850 starb und den Thron seinem Sohn, Kaiser Xianfeng, hinterließ, der den Ausländern gegenüber eine kompromisslosere Linie fuhr. So verhärteten sich die Fronten auf beiden Seiten und die Lage in Kanton spitzte sich weiter zu. [43]

Die Briten machten sich, enttäuscht von den Entwicklungen nach dem 1.Opiumkrieg, das im amerikanischen Vertrag festgeschriebene Recht auf Neuverhandlungen nach 12 Jahren zunutze. Unter Berufung auf dieses Recht verlangten sie, mit Hinweis auf die Meistbegünstigungsklausel, im Jahr 1854 eine Erweiterung der bestehenden Verträge. [44] Die Briten forderten, unterstützt durch die Amerikaner und Franzosen, eine Klärung der Zollfrage

---

[39] Vgl. Hsü 1983, 191ff.
[40] Vgl. Osterhammel 1989, 151.
[41] Vgl. Gray 1990, 77f.
[42] Vgl. Osterhammel 1989, 151f.
[43] Vgl. Hsü 1983, 200-204.
[44] Vgl. Gray 1990, 85.

im Hinblick auf die erhobenen Binnenzölle, die Öffnung weiterer Häfen für den Handel, Erwerbs- und Reiserechte für Ausländer im chinesischen Inland und die Einrichtung einer diplomatischen Niederlassung in Peking. Weiterhin pochten die Briten auf die Legalisierung des Opiumhandels. Die Qing-Regierung lehnte die Forderungen ab und erneute Verhandlungsversuche 1856 führten ebenfalls zu keinem Ergebnis.

2.8 Der Anlass und Verlauf des 2. Opiumkrieges

Die Briten nahmen 1856 den „Arrow-Zwischenfall" zum Anlass militärische Aktionen gegen China zu starten und ihre Forderungen durchzusetzen. Bei diesem Zwischenfall handelte es sich um die vermeintlich illegale Durchsuchung des britischen Schiffs „Arrow" im Hafen von Kanton, in deren Verlauf die britische Flagge eingeholt worden war. Infolge dieses unscheinbaren Konflikts kam es Ende 1857 zur Eroberung Kantons durch die Briten, denen sich die Franzosen anschlossen. Im weiteren Verlauf der Kämpfe nahmen die Alliierten schon im Mai 1858 die Dagu-Forts ein und zwangen die Qing zur Annahme von Verhandlungen.[45] Die Bindung starker militärischer Kräfte der Qing, aufgrund des Taiping-Aufstands im Innern des Landes spielte den alliierten Truppen in die Hände und erleichterte den schnellen militärischen Erfolg der Alliierten.[46] Im Vertrag von Tianjin wurden die weitreichenden Forderungen der Sieger festgehalten, welche auf britischer Seite unter anderem die dauerhafte Einrichtung einer diplomatischen Präsens in Peking einschloss. Frankreich, Russland und Amerika, die ebenfalls Verträge mit den Qing abschlossen, gaben sich in der Frage der staatlichen Beziehungen mit unregelmäßigen Besuchen in Peking zufrieden.[47] Einer dauerhaften diplomatischen Vertretung in Peking wollte der Kaiser auf keinen Fall zustimmen, sodass es 1859 zu erneuten Kämpfen kam. Ein Angriff der Alliierten auf die Dagu-Forts konnte von den massiv verstärkten Qing-Truppen abgewehrt werden, woraufhin sich Großbritannien entschloss eine Gesandtschaft nach Peking zu schicken um Verhandlungen zu führen. Die Abgesandten wurden allerdings von den Qing gefangengenommen und teilweise hingerichtet, was eine Strafexpedition der Briten und Franzosen nach Peking zur Folge hatte. Im Oktober 1860 erreichten die Truppen Peking und

---

[45] Vgl. Hsü 1983, 204-208.
[46] Vgl. Osterhammel 1989, 151.
[47] Vgl. Hsü 1983, 208-211.

brannten den kaiserlichen Sommerpalast nieder. Die Qing hatten nun keine andere Wahl mehr als die nochmals erweiterten Bedingungen des Vertrages von Tianjin zu akzeptieren.[48]

2.9 Der Vertrag von Tianjin und seine Folgen für die Qing

Der Vertrag von Tianjin forderte in seiner Fassung von 1858 bereits die Öffnung 10 neuer Vertragshäfen, die Bewegungsfreiheit für Ausländer in ganz China, die Festsetzung der Inlandstransitzölle für ausländische Produkte auf 2,5 %, eine Kriegsentschädigung von 6 Millionen Tael und das Recht auf freie Missionarstätigkeit in ganz China. Diese Forderungen wurden in Peking nochmals erweitert, sodass sich die Kriegsentschädigung, die China an Frankreich und Großbritannien zu zahlen hatte, auf 16 Millionen Tael erhöhte und ein Teil der Kowloon-Halbinsel an Hongkong abgetreten werden musste. Auch bestanden die Briten auf eine dauerhafte diplomatische Vertretung in Peking.[49] Gerade dieser Forderung stellte aber eine starke Verletzung der kaiserlichen Würde und somit eine Gefährdung der Qing-Herrschaft dar. Denn der Verlust des universellen Herrschaftsanspruchs, sogar in Peking selbst, stellte die Legitimität der Qing-Herrschaft über die Chinesen in besonderem Maße in Frage und gefährdete so die ohnehin aufgrund inner Konflikte wankende Dynastie.[50] Die handelspolitischen Forderungen der Westmächte erschienen den Qing, infolge der durch den Taiping-Aufstand geprägten inneren Krise zweitrangig, obwohl sie langwierige Folgen für das Reich der Mitte hatten. Denn durch die „ungleichen Verträge" mit den westlichen Staaten wurde China an ein System von Verträgen gefesselt, das die Souveränität der Regierung untergrub.[51] Allerdings wirkte sich der Abschluss des Vertrages in Bezug auf die innenpolitische Krise, aus den Augen der Qing, positiv aus. Die ausländischen Mächte gaben, in Folge der neugewonnenen Handelsprivilegien, ihre neutrale Haltung gegenüber den Taiping auf. Denn ein Untergang der Qing-Dynastie hätte den Verlust der gewonnenen Handelsprivilegien und eine Neuregelung der Verhältnisse zur Folge gehabt, was nicht im Interesse der westlichen Staaten war. So wurden die Interessen der Ausländer mit dem Bestreben der Qing den Aufstand niederzuschlagen verknüpft und führten zur militärischen Unterstützung der Briten im Kampf gegen die Taiping.[52]

---

[48] Vgl. Spence 2001, 221-225.
[49] Vgl. Hsü 1983, 210f und 215.
[50] Vgl. Fairbank 1978, 254.
[51] Vgl. Fairbank 1978, 260ff.
[52] Vgl. Spence 2001, 225.

3. Die innenpolitische Krise - Der Taiping-Aufstand

Der Taiping-Aufstand war der größte Volksaufstand des 19. Jahrhunderts und forderte schätzungsweise 30 Millionen Tote. Er hielt das Reich der Qing nahezu zwei Jahrzehnte in Atem und drohte zeitweise sogar den Kaiser zu stürzen. Im weiteren Verlauf sollen die Ursachen für die Entstehung, der Verlauf und die Gründe für den Untergang der Taiping dargestellt werden. Überdies soll die Rolle der westlichen Mächte für Ursache und Untergang der Rebellion näher beleuchtet werden.

3.1 Ursachen für die Entstehung des Konflikts

Die Taiping Revolte nahm ihren Ausgang in der Provinz Kwangsi im äußersten Süden des Qing-Reichs. Hier versammelten sich 1847 zahlreiche Gottesverehrer mit ihrem Anführer Hong Xiuquan und fanden bald starken Zulauf, sodass es 1850 zu ersten Aufständen und Zusammenstößen mit Regierungstruppen kam. Hong Xiuquan, der König des 1851 ausgerufenen „Himmlischen Reichs des großen Friedens" (Taiping Tianguo, 太平天国) baute die Taiping Bewegung vor einer Ideologie auf, die Bezüge zum Christentum enthielt. Hong hielt sich selbst für den Sohn Gottes, der ihm in einer Vision erschienen war, und glaubte den Auftrag erhalten zu haben die Qing aus China zu vertreiben.[53] Die Ursachen, die den Nährboden für die Taiping Revolution bereiteten, sind unterschiedlichster Natur. Wesentlich ist, dass die Probleme denen sich das Reich der Qing bereits Anfang des 19.Jahrhunderts gegenüber sah und das Unvermögen des Kaisers angemessen auf die Konflikte zu reagieren, eine Stimmung der inneren Unruhe erzeugten. Das hohe Bevölkerungswachstum Chinas führte zur Übervölkerung zahlreicher Provinzen und zu Hungersnöten. Die Korruption und der moralische Verfall machten sich gesellschaftlich bemerkbar und trugen zum Verfall des Kaiserkanals und des Salzmonopols bei.[54] Hinzu kamen Naturkatastrophen die China zwischen 1945 und 1955 heimsuchten und die Verstärkung der Probleme durch den 1. Opiumkrieg. Der Konflikt mit den ausländischen Mächten spielte in verschiedener Hinsicht eine Rolle. Auf der einen Seite trugen die ökonomischen Effekte des Opiumhandels zur Verschlechterung der wirtschaftlichen Lage, in Form gesteigerter Inflation bei. Die Verschiebung des wirtschaftlichen Zentrums des

---

[53] Vgl. Hsü 1983, 226-229.
[54] Vgl. Spence 2001, 205f.

Außenhandels von Kanton nach Shanghai, verschärfte die Lage der Arbeiter im Süden weiter und trug zur Erhöhung der Arbeitslosigkeit bei, sodass sich das revolutionäre Potential der Region erhöhte.[55] Auf der anderen Seite stellte die Niederlage des mandschurischen Kaiserreichs im Konflikt mit den Ausländern die Legitimation des Kaisers in Frage. Das Vertrauen der Bevölkerung in die Herrschaft der Qing-Dynastie schwand und erhöhte so das Potential sozialer Unruhen.[56] Weiterhin schlugen sich die Folgen der christlichen Missionierung gerade im ideologischen Gerüst des Taiping-Aufstands nieder. Christliche Missionsbemühungen in China setzen allerdings nicht erst mit dem Opiumkrieg ein, sodass dieser in seiner dahingehenden Rolle nicht überschätzt werden sollte. Zur Intensivierung der Missionsarbeit in China trug der Opiumkrieg aber in jedem Fall bei.[57]

Vor dem Hintergrund dieser zahlreichen Probleme fanden die Taiping schnell Zulauf aus der Bevölkerung, sodass sich die Zahl der Anhänger Hongs Ende 1851 bereits auf 60.000 belief. Waren zunächst viele Hakka unter den Anhängern Hongs, die wegen ihrer sozialen Außenseiterposition den Schutz der Taiping Gemeinschaft suchten, so kamen bald auch andere Bevölkerungsteile hinzu. Auch reichere Bevölkerungsteile wurden vom ungewöhnlichen Glauben der Taiping, als Alternative zum Denken ihrer Zeit angezogen. Wesentlich war aber vor allem die Forderung nach einem Sturz der Qing-Dynastie, die bei weiten Teilen der Bevölkerung Anklang fand.[58]

3.2 Entwicklung und Verlauf der Rebellion

Anfang 1852 gaben die Taiping-Rebellen ihre Basis in Kwangsi auf und kämpften sich nach Hunan durch, wo sie weitere militärische Erfolge erzielten. Im Verlauf der Kämpfe fielen den Rebellen zahlreiche Waffen in die Hände und ihre Truppenstärke wuchs auf eine halbe Million Mann an. So konnten die Aufständischen im März 1853 die alte Kaiserstadt Nanjing erobern, die sie zur Hauptstadt des Taiping Reiches machten. Dort sicherten sie ihre Macht und konnten sich, trotz des fehlgeschlagenen Versuchs Peking zu erreichen gegen die Bannertruppen und Armeen der Qing behaupten und weitere militärische Erfolge erzielen.[59] Das Blatt wendete sich erst, nachdem der chinesische Kaiserhof 1860 Zeng Guofan den

---

[55] Vgl. Osterhammel 1989, 150f.
[56] Vgl. Hsü 1983, 221f.
[57] Vgl. Osterhammel 1989, 150 und Gray 1990, 61ff.
[58] Vgl. Spence 2001, 212ff.
[59] Vgl. Hsü 1983, 229ff.

Oberbefehl über die Kampagne zur Unterdrückung der Rebellen gegeben hatte[60]. Zeng Guofan hatte in der Provinz Hunan eine Armee ausgehoben die auf einem System persönlicher Abhängigkeiten beruhte und sich so grundlegend von den Qing-Armeen unterschied. An ihrer Spitze standen konfuzianische Gelehrte, die nicht nur das Qing-Reich verteidigten sondern ihr gesamtes Wertesystem, welches sie von der Taiping Ideologie bedroht sahen. Auf diese Weise wurde die Hunan-Armee zum entscheidenden Widersacher der Taiping Truppen.[61] Entscheidend geschwächt wurden die Rebellen auch 1856 durch einen inneren Machtkampf, der zur dauerhaften Zerrüttung des Taiping Reiches führte. Aber dennoch konnten sich der „Himmlische König" Hong Xiuquan noch in Nanjing halten, bis die Truppen der Qing 1864 die Stadt stürmten und dem „Himmlischen Reich des großen Friedens" ein Ende bereiteten.[62]

3.3 Ursachen für den Untergang der Taiping

Die Ursachen für den letztendlichen Untergang der Taiping Revolution sind vor allem bei der Bewegung selbst zu suchen. Die Festsetzung der Rebellion in Nanjing und der nur inkonsequent geführte Angriff auf Peking schwächten die Position der Taiping. Ferner war die Bildung rivalisierender Gruppen innerhalb der Bewegung und deren Machtkampf, mit dem Tod einiger Führer ein entscheidender Grund für die Niederlage. Weiterhin stand der von innen geschwächten Taiping-Bewegung mit der Hunan-Armee ein starker Gegner gegenüber, der maßgeblich zu ihrem Untergang beitrug. Hervorzuheben ist allerdings nicht nur die immer schlechter gewordene Führung der Taiping in der Bewegung selbst, sondern auch ihre Politik im Umgang mit den ausländischen Mächten.[63]

Die Taiping schafften es nicht die anfänglich guten Beziehungen mit den Ausländern zu halten. Statt sie durch ökonomische und politische Zugeständnisse auf ihre Seite zu ziehen, verschreckten sie die Briten durch die rigorose Ablehnung des Opiumhandels und ihre diplomatische Überheblichkeit. Die wiederholte Bedrohung der sich für den ausländischen Handel am besten entwickelnden Stadt Shanghai durch Taiping-Truppen stellte weiterhin eine Gefährdung der britischen Interessen dar, die zur Verschlechterung der Beziehungen beitrug.

---

[60] Vgl. Hsü 1983, 244.
[61] Vgl. Spence 2001, 219 und Hsü 1983, 238-242.
[62] Vgl. Hsü 1983, 246ff.
[63] Vgl. Kuhn, 1978, 294-310.

Den Taiping gelang es nicht sich den Briten als echte Alternative, welche die ausländischen Handelsinteressen geschützt hätte, zur bestehenden Ordnung der Qing-Dynastie anzubieten.[64]

---

[64] Vgl. Hsü 1983, 244f.

4. Fazit

Aus den dargestellten Entwicklungen und der ihnen zugrunde liegenden ökonomischen, politischen und gesellschaftlichen Ursprünge wird deutlich, dass der Opiumkrieg kein bloßer Handelskonflikt war. Vielmehr war er die logische Folge der sich beim Zusammenprall zweier Kulturen, die unterschiedlicher kaum sein konnten, aufbauenden Spannungen. Die aggressive Freihandelspolitik des britischen Empires war eindeutig prägend für die gesamte Auseinandersetzung, aber die überhebliche und weltfremde Haltung des chinesischen Kaiserreichs hat auch zur Eskalation der Situation beigetragen. Wie sehr das sinozentrische China trotz seiner abweisenden Haltung nach Außen bereits in den weltweiten Handel verstrickt war, wird am Problem des Opiumhandels deutlich. Auch zeigt sich, dass die Verknüpfung Chinas mit dem Weltmarkt, gerade durch die Kolonial- und Freihandelspolitik der westlichen Staaten, schnell auch eine politische Dimension gewann.

Inwieweit die Zerstörung des chinesischen Weltbilds Folgen für die innenpolitische Lage Chinas gehabt hat, sollte am Taiping-Aufstand gezeigt werden. Es wurde deutlich, dass der außenpolitische Konflikt sicher zur Verstärkung der Spannungen in China beigetragen hat, aber nicht als primäre Ursache derselbigen bezeichnet werden kann. Festzustellen ist allerdings, dass die wechselseitigen Beziehungen, der außen- und innenpolitischen Ereignisse den Verlauf der Entwicklungen entscheidend beeinflusst haben. So hat die innenpolitische Krise die Durchsetzung der ausländischen Interessen vereinfacht. Die Durchsetzung dieser Interessen, in Form des Systems der „Ungleichen Verträge", wiederum aber die ausländischen Mächte zum Eingriff in die innenpolitische Krise veranlasst. Diesem Vorgehen seitens der Briten lag der Gedanke zugrunde ein chinesisches Reich zu erhalten, das nach Innen stark genug war sich zu behaupten, nach Außen aber so geschwächt, dass es den britischen Handelsinteressen nichts entgegenzusetzen hatte.

Der Opiumkrieg, als Ausdruck dieser Entwicklungen, leitete eine Phase ein in der China versuchte den Vorsprung der westlichen Nationen einzuholen, in diesen Bemühungen aber auf beträchtliche Schwierigkeiten stieß. Zum Einen erschwerte die westliche Kolonialpolitik mit ihren „Ungleichen Verträgen" die chinesischen Modernisierungsbemühungen, zum Anderen stießen die Reformer auch im Inneren des Reiches auf erhebliche Gegenwehr. Von der Bevormundung ausländischer Staaten sollten sich die Chinesen erst mit Gründung der Volksrepublik China befreien können.

Bibliographie

Fairbank, John K.: "The Creation of the Treaty System", in: Fairbank, John K. (Hrsg.): *The Cambridge History of China, Vol.10: Late Ch'ing, 1800-1911, Part 1*. Cambridge 1978; S.213-263.

Gray, Jack: *Rebellions and Revolutions. China from the 1800s to 1980s*. (The Short Oxford History of the Modern World); Oxford 1990.

Hsü, Immanuel C.Y.: *The Rise of Modern China*; 3.Aufl. New York 1983.

Kuhn, Phillip A.: "The Taiping Rebellion", in: Fairbank, John K. (Hrsg.): *The Cambridge History of China, Vol.10: Late Ch'ing, 1800-1911, Part 1*. Cambridge 1978; S. 265-317.

Osterhammel, Jürgen: *China und die Weltgesellschaft*. München 1989.

Spence, Jonathan D.: *Chinas Weg in die Moderne*. München 2001.

Tsiang, T.F.: "China and European Expansion", in: Hsü, Immanuel C.Y. (Hrsg.): *Readings in Modern Chinese History*. New York 1971; S.129-140.

Wakeman, Frederic: "The Canton Trade and the Opium War", in: Fairbank, John K. (Hrsg.): *The Cambridge History of China, Vol.10: Late Ch'ing, 1800-1911, Part 1*. Cambridge 1978; S.163-212.

Yen-ping Hao u. Erh-min Wang: "Changing Chinese Views of Western Relations", 1840-95, in: Fairbank, John K. (Hrsg.): *The Cambridge History of China, Vol.11: Late Ch'ing, 1800-1911, Part 2*. Cambridge 1980; S. 142-156.

Lightning Source UK Ltd.
Milton Keynes UK
UKHW010748191120
373689UK00003B/543